DINERO CON FB LIVE

Cómo Ganar Dinero Con Transmisiones En Streaming

Por

Helio Laguna

Título: Dinero Con Fb Live

© 2016, Helio Laguna

© De los textos: Helio Laguna

Ilustración de portada: Francisco R. Trejo

Revisión de estilo: www.escritoyhecho.com

1ª Edición

Todos los Derechos Reservados

¡¡Importante!!

No tienes los derechos de Reproducción o Reventa de este Producto.

Este Ebook tiene Todos los Derechos Reservados.

Antes de venderlo, publicarlo en parte o en su totalidad, modificarlo o distribuirlo de cualquier forma, te recomiendo que consultes al autor, es la manera más sencilla de evitarte sorpresas desagradables que a nadie gustan.

El autor no puede garantizarte que los resultados obtenidos por él mismo al aplicar las técnicas aquí descritas, vayan a ser los tuyos.

Básicamente por dos motivos:

Sólo tú sabes qué porcentaje de implicación aplicarás para implementar lo aprendido (a más implementación, más resultados).

Aunque aplicaras en la misma medida que él, tampoco es garantía de obtención de los mismos resultados, ya que incluso podrías obtener más, dependiendo de tus habilidades para desarrollar nuevas técnicas a partir de las aquí descritas.

Aunque todas las precauciones se han tomado para verificar la exactitud de la información contenida en el presente documento, el autor y el editor no asumen ninguna responsabilidad por cualquier error u omisión.

No se asume responsabilidad por daños que puedan resultar del uso de la información que contiene.

Así pues, buen trabajo y mejores Éxitos.

Tabla de Contenidos

Introducción

Ventajas De FB Live

Antes Del Live

El Sistema FB Live

Cosas Que Hacer Durante El Live

Cosas Que Hacer Después Del Live

Conclusión

Introducción

Hola, te saluda Helio Laguna.

Antes de nada, quiero decirte que me encanta verte aquí y que me des la grandísima oportunidad de poder compartirte algo que, a día de hoy, está muy de moda en todo el mundo.

Son innumerables las personas que están haciendo sus transmisiones en Facebook Live, ya sea desde sus teléfonos, como yo hago, como también desde su ordenador, da igual que sea pc o Mac.

Más adelante te voy a mostrar con qué softwares puedes hacer esto.

Pero antes de entrar en materia, quiero darte solo un dato que te va a dar una idea de la importancia que tiene todo cuanto vas a descubrir en este libro.

Facebook Live, es una aplicación que ha entrado con tanta fuerza, que ha borrado del mapa a Periscope de un plumazo.

Esto es algo tan increíble como difícil de lograr, ya que Periscope era la aplicación, era el sistema, que había crecido más rápido. De hecho, aún tiene el récord de mayor crecimiento en menos tiempo de la historia.

Creció más rápido que Facebook, creció más rápido que Pinterest, creció más rápido que Instagram...

Pero cuando pensábamos que ya lo habíamos visto todo, llegó Facebook y se sacó este as de la manga, con el cual prácticamente ha borrado del mapa a Periscope y ha logrado hacerse con la supremacía en cuanto a aplicaciones de retransmisión por streaming se refiere.

¿Te apetece conocer cómo utilizar esta grandiosa aplicación para sacarle el mayor rendimiento económico posible?

¿Quieres saber cómo exprimirla hasta la última gota?

Pues tan solo tienes que seguir leyendo y te aseguro que cuando acabes este libro, no van a haber secretos para ti en cuanto a Facebook Live se refiere.

Comenzamos...

Ventajas De FB Live

Este hombre al que ves en la imagen es nada más y nada menos que Frank Kern.

Y él, como un gran número de marqueteros reconocidos mundialmente, ya está haciendo sus transmisiones por medio de Facebook Live, ya tiene el show de Frank Kern y algo de lo cual nos habló en el último master en el que estuvimos con él la semana pasada, que va a apalancar fuertemente, va a sacar un entrenamiento de cómo ganar dinero con Facebook Live y te aseguro que estas trasmisiones con Facebook Live van a ser un pilar en su negocio.

Si marqueteros de la talla de Frank Kern o Grant Cardone ya hacen su show con Facebook Live desde hace tiempo, ¿a qué esperas para hacer el tuyo?

Que estos monstruos del marketing por Internet se hayan abierto a utilizar Facebook Live en sus negocios es el mayor indicativo de que se trata de una herramienta poderosísima.

Yo, al darme cuenta de esto, comencé con estas trasmisiones en cuanto vio la luz Facebook Live.

Antes las hacía por medio de Hangout, luego salió Periscope y las comencé a hacer con Periscope y Hangout y ahora, indudablemente las hago con Facebook Live.

¿Cuáles son las ventajas de hacer estas trasmisiones de Facebook Live y por qué es lo que único que requieres hacer?

A continuación te enumero una serie de ventajas de las transmisiones por Facebook Live, que te harán ver su funcionalidad y rentabilidad de manera mucho más clara:

Se llenan viralmente

Este es el gran avance de Facebook Live.

Cuando se trata de una sala como la de un Hangout o si usas Webinar Jam, Go To Webinar o algún software de estos, para tener personas en una transmisión tienes que promover el enlace y que se registren.

De esta manera, generalmente el cincuenta por ciento de las personas se registran y de ese cincuenta por ciento que se registran, el cincuenta por ciento asisten a la presentación.

Por lo tanto, tienes que hacer un esfuerzo de marketing para llevar personas a tu Hangout.

Pero con Facebook Live, de la nada puedes tener cien, doscientas, quinientas (yo he llegado a tener dos mil personas conectadas simultáneamente en un retransmisión de Facebook Live) y sin avisarles previamente.

De la nada, tan solo compartiendo y compartiendo, ya sea en una página de fans, en grupo o en tu muro.

Enseguida vas a ver cómo hacer esto, cómo compartir de manera automatizada sin que tengas que hacerlo. Es decir, pidiéndoles a las personas que compartan.

Personalmente he podido llegar a todo tipo de audiencia sin previo aviso.

Así que si tan solo te quedas con la idea de que estas trasmisiones se pueden llenar viralmente, ya habrás dado un gran paso a la hora de ganar dinero con Facebook Live.

Sin duda ha sido un gran avance y un gran acierto por parte de Facebook, el dar de alta esta característica de las trasmisiones de Facebook Live.

Son gratuitas

La siguiente ventaja de las transmisiones por Facebook Live es que son completamente gratuitas.

Ya sea que retransmitas desde el teléfono o desde el ordenador, lo mejor de todo es que estas trasmisiones son gratuitas y no necesitas ningún software para hacerlas.

Sin embargo hay softwares de pago que te permiten hacer estas trasmisiones de una manera muchísimo más profesional.

Te presento varios ejemplos:

Wirecast

Este software es de pago (tiene un coste de 495 dólares) y te permite hacer trasmisiones desde tu ordenador con una o con varias cámaras, en una Mac puedes dar de alta hasta ocho cámaras simultaneas.

Seguramente has visto las trasmisiones que hace Álvaro Mendoza y en las que utiliza cuatro o cinco cámaras, pues las hace con este software.

Lo puedes encontrar en este link:

http://telestream.net/wirecast/overview.htm

Vidiu

Otro recurso si no quieres hacer trasmisiones desde el teléfono, sino que las quieres hacer desde una cámara de alta calidad es usar Vidium.

¿Qué es Vidiu?

Es un aparato que se conecta a cualquier cámara que tengas, ya sea de última generación o ya sea la primera que tuviste.

Gracias a Vidiu vas a poder desempolvar las cámaras más viejas que hayas tenido y vas a poder hacer trasmisiones desde cualquier cámara de vídeo, eso sí, que como mínimo tenga el orificio para poder conectar un cable.

No te preocupes por el tema de la tecnología porque tan solo vas a tener que conectar Vidiu a tu cámara, aunque sea la más vieja que tengas, y este aparato hace la retransmisión directamente en Facebook Live.

Así de simple, se conecta a la cámara, también a una señal de Wi Fi y emite una transmisión en Facebook Live con tu cámara desde donde quieras.

Es increíble también este sistema y su precio oscila entre 699 dólares y 999 dólares, dependiendo de la versión y las características que precises.

Lo puedes encontrar aquí:

http://teradek.com/pages/vidiu

OBS

Esta es una sorpresa que te tenía reservada, pues este recurso es totalmente gratuito.

Se trata de un software de código abierto que te va a ser muy útil para darles un toque mucho más profesional a tus retransmisiones en Fb Live.

Aquí tienes el link, por si te apetece probarlo:

https://obsproject.com/

Antes Del Live

Ya conoces las ventajas de las retransmisiones por Facebook Live, así que ha llegado el momento de entrar en materia y para ello, te voy a desvelar qué es lo que tienes que hacer antes de emitir tu Live, para que tenga el éxito de audiencia que quieres.

Como te he dicho, estas trasmisiones se llenan viralmente pero ¿cómo debes actuar para que esto suceda?

Pide que compartan

Cuando inicies una retransmisión, siempre pídeles a las personas que compartan que están asistiendo a ella y así, si inicias una retransmisión con veinte personas, puedes terminar fácilmente con doscientas o trescientas o incluso puedes terminar con quinientas personas o más.

¿Por qué?

Porque tienes en tus manos el poder de la viralización.

Sin embargo hay más cosas que puedes hacer para asegurarte de tener más personas en tu retransmisión.

Avisa de cuándo vas a retransmitir

Por ejemplo, puedes avisar en tu perfil de Facebook.

Avisa en tu perfil que a tal hora, hora de Miami, hora de México, hora de donde te encuentres (es muy recomendable poner varios horarios para que todas las personas se sientan integradas) vas a hacer una retransmisión de Facebook Live.

Pero además de avisar en tu perfil, también debes avisar a las personas que frecuentan tu página de fans, de que vas a realizar una retransmisión en directo.

Para ello puedes colocar una imagen que diga, *"Facebook Live contigo"*.

Pones la imagen, porque la imagen va a llamar más la atención, pones la hora, obviamente no vas a poner un link porque es en vivo, pero sí que les puedes decir que va a ser aquí, en tu perfil o que va a ser aquí, en tu página de fans.

A ver, te he dicho que no vas a poner un link porque es en vivo, bueno, no es realmente así.

Si es en tu perfil y lo anuncias en tu página de fans, deberás darles el link de tu perfil para que sepan dónde acudir para asistir a tu retransmisión.

Y al contrario, si la transmisión es en tu página de fans y lo anuncias en tu perfil, deberás poner el link para llevarlos a tu página de fans.

Este último recurso viene muy bien para atraer nuevos fans a tu página también.

Una vez que ya has avisado de que vas a hacer una retransmisión a tal hora del día, te recomiendo que hagas la retransmisión siempre a la misma hora para que se vayan acostumbrando y lo tomen como una cita obligada.

Por ejemplo, el show de Kiyosaki es todos los días a la cinco de la tarde y la gente ya lo sabe y está pendiente de que se haga la hora para asistir. Por ello te digo que es muy bueno que los vayas acostumbrando a que a cierta hora vas a hacer tus trasmisiones, porque te aseguras cierto número de fieles fans que asistirán sí o sí y que atraerán a más personas compartiendo que están dentro.

Utiliza Marketing De Gorila

Cuando hagas estas campañas para avisar de que vas a hacer una retransmisión utiliza marketing de gorila (patrocinar con 5 o 10 dólares, entre un público muy segmentado y que les interese el tema que vayas a tratar en el Live, una publicación que esté teniendo muchas visualizaciones).

Con este sistema puedes llegar fácilmente a mil interesados.

Es decir, haces una publicación de marketing de gorila y vas a poder una audiencia de mil personas que pudieran estar interesadas en tu tema o como mínimo vas a lograr que se enteren de que vas a hacer este tipo de retransmisiones.

No sabes a ciencia cierta cuántas van a llegar, pueden ser más o pueden ser menos, pero te aseguro que puedes llegar a ese alcance fácilmente.

Envía recordatorios

Has puesto una imagen para avisar con un día de anticipación, de que vas a estar retransmitiendo en vivo tal día y a tal hora pero, ¿qué tal si además les envías un recordatorio o varios, según veas, para asegurarte de que estén ahí en el momento del Live?

Para ello, puedes apalancarte del poder de una herramienta poderosísima y además gratuita que todos, absolutamente todos usamos a diario.

Te hablo de Whatsapp.

Cuando publiques la imagen anunciando el día y a hora de la retransmisión, les puedes decir también, *"si no te lo quieres perder, yo mismo me encargaré de enviarte un recordatorio. Para ello tan solo debes enviarme tu número de Whatsapp en un mensaje privado y me encargaré personalmente de mandarte un Whatsapp recordándote a qué hora va a ser la retransmisión."*

Esto que acabas de leer, debes grabártelo a fuego en tu mente y llevarlo a cabo sí o sí, ya que no lo está haciendo nadie y es oro puro a alcance de tus manos.

Digamos que es como cuando haces un webinar y mandas los avisos recordatorios por medio del correo electrónico.

Vas a utilizar WhatsApp como si fuera tu correo electrónico, así que les dirás, *"los que están interesados en estar en mis trasmisiones de Facebook Live, envíenme por inbox su número de Whatsapp para recibir un aviso justo en el momento que inicie la retransmisión."*

¿Qué más vas a hacer?

Para asegurarte de que tengas la mayor cantidad de personas en esa retransmisión, envíales Whatsapps recordatorios cada día y el día de la retransmisión, envíales recordatorios cuatro horas antes de la retransmisión, dos horas antes de la retransmisión, una hora antes de la retransmisión, quince minutos antes de la retransmisión y en el momento de la retransmisión.

Puede que te parezcan muchos, mensajes, pero recuerda que son mensajes de Whatsapp, no son correos, por lo tanto, solo has de redactar un breve mensaje y listo.

No tengas miedo y aunque te parezcan muchos, utilízalo.

Harás más bien que mal si lo utilizas, que si no lo utilizas.

Crea expectación

¿Cómo lo puedes hacer?

Sube un par de vídeos, que yo llamo de "Indoctrinación", en los que debes educar a las personas, a la vez que les creas expectación sobre la retransmisión.

Vídeo 1

Háblales sobre qué vas a hacer y cuál va a ser el tema de tu retransmisión de Facebook Live.

Por ejemplo:

"En esta retransmisión te voy a enseñar cómo monetizar Facebook Live.

También te voy a contar por qué es importante que lo tengas en cuenta para tu negocio.

Entre otras cosas, porque es una herramienta gratuita y porque no necesitas tener una lista de suscriptores para tener audiencia...

¿Por qué este Live va a ser diferente a cualquier otro que haya hecho hasta ahora?"

Y sigues explicando la razón en el vídeo.

Eso sí, trata de hacerlo sencillo.

Grabas el vídeo con tu teléfono, lo subes a tu perfil y a tu página de fans y avisas de que vas a hacer una retransmisión que va a ser de tal tema, que va a ser importante para ellos por X razón y que ese Live, esa retransmisión de Facebook Live, es diferente a cualquier otra que hayas hecho hasta ahora, porque en ella les vas a enseñar esto y esto y esto y porque no va ser un discurso de ventas, porque vas a dar un contenido de valor, etc.

Entonces, digamos que el blueprint o la temática del vídeo de Indoctrinación número uno es:

Cuál es el tema de la transmisión de Fb Live.

¿Por qué es importante para ellos?

¿Por qué este Live es diferente de cualquier otro?

Vídeo 2

Después, debes hacer otro vídeo de Indoctrinación, donde les enseñarás algo por adelantado.

Es decir, les darás resultados por adelantado de manera de que puedas disminuir el escepticismo que se genera automáticamente en sus mentes, de que en ese Live les vas a vender algo.

Haces un vídeo por adelantado y le dices lo que les vas a enseñar.

También les puedes dar recursos o herramientas que les vayan a servir para esa retransmisión de Facebook Live.

Hazme caso, si le das resultados por adelantado, disminuirás la resistencia de las personas y vas a lograr que confíen en ti.

Se van a conectar a esa retransmisión, porque le estas dando valor por adelantado y en los negocios en general y en Internet en particular, la persona que da más valor es la que recaba todo el dinero que existe allá afuera.

Menciónales también en este vídeo dos, qué otras cosas vas a dar en el Facebook Live. Ya les resolviste una, ya les enseñaste algo, pero ahora debes decirles qué más les vas a enseñar en esa retransmisión de Facebook Live.

Menciónales, por ejemplo, cómo tu vida cambió gracias a que solucionaste ese "algo" que les vas a dar o varias de las cosas que les vas a dar en esa retransmisión en Facebook Live y que ellos van a saber solucionar, después de haber asistido a la retransmisión que tengan contigo.

En resumen, en este vídeo dos:

Enséñales algo que disminuya su escepticismo. (Resultados por adelantado).

Menciónales que otras cosas resolverás en el Live.

Menciónales cómo tu vida cambió gracias a lo que solucionaste y que ellos sabrán cómo solucionar después del Live.

Como ves, no se trata de aplicar ciencia nuclear.

Simplemente envía los vídeos.

Créeme, harás más bien que mal enviándolos.

Muchas personas no quieren hacer algo porque esperan el momento perfecto, porque quieren que todo sea perfecto, porque creen que todo tiene que ser ciencia nuclear, porque cuando ven algo muy sencillo piensan, *"no puede ser tan fácil, tiene que ser más difícil. Voy a buscar a otro gurú que me enseñe cómo hacer esto de una manera más difícil, porque no tiene sentido para mí que sea tan sencillo hacer esto."*

No seas de ese tipo de personas. Mo dejes que eso te detenga.

Te repito que no es ciencia nuclear, graba los vídeos y envíalos.

Si no son profesionales, no importa. Como te acabo de decir, si envías los vídeos de Indoctrinación harás más bien que mal.

Si envías un vídeo de Indoctrinación que a tu juicio es de mala calidad, no te preocupes, porque enviándolo vas a hacer más bien, vas a tener más bien una mayor conversión, vas a crear mayor empatía y mayor conexión con las personas, que si no lo envías.

No tengas miedo de tomar acción masiva inmediata.

<u>Utiliza la "Herramienta Definitiva"</u>

Se trata de Live Leap.

La puedes encontrar aquí:

http://jvz5.com/c/10354/222662

¿Por qué la llamo la "Herramienta Definitiva"?

Porque esta maravilla de aplicación hace pura magia y te permite compartir tus retransmisiones de Facebook Live de manera automatizada en todos los grupos que quieras, en todas las páginas de fans que quieras, en tu perfil...

Se va a compartir en todos los sitios y eso va a hacer que tu retransmisión se haga aún más viral.

Si con los vídeos de Indoctrinación logras asegurarte de que haya más personas de inicio.

Si además, vas a lograr que lleguen más personas diciéndoles al inicio, *"comparte esta retransmisión."*

Te cuento una curiosidad acerca de esto...

Al inicio usaba mucho el decirles, *"si compartes esta retransmisión y me envías una captura de pantalla de que la has compartido, te mando uno de mis libros."*

Puedes hacer eso a lo que algunos llaman "soborno ético", aunque a muchos no les gusta esa palabra o ese aliciente para que las personas lo hagan.

Como te digo, si con los vídeos y el decir que compartan, lograrás que asistan muchas personas a tus retransmisiones, con Live Leap le vas a poner la guinda al pastel, porque esta aplicación lo hace de manera automatizada.

Comparte tu retransmisión en tantos grupos como quieras, en páginas de fans, en Twitter, en LinkedIn y en la versión avanzada, tienes también la opción de cargar listas de suscriptores y que envíe un correo electrónico por ti, avisando que estás en el aire.

Imagínate el tremendo beneficio que obtendrás de cargar tus listas de correos de tu autorespondedor, que es compatible con la app y cada vez que inicies una retransmisión le llegará un correo electrónico a todas las personas avisándoles de que estás en una retransmisión de Facebook Live.

¿Te das cuenta del enorme poder de esta aplicación?

Yo tengo ciento veinte mil suscriptores, pues imagínate el poder viral que tiene avisarles a todos por correo y que lleguen a mis retransmisiones de Facebook Live día tras día.

Ya terminó la retransmisión, ¿ahora qué?

Una vez hayas terminado de retransmitir en directo, Facebook Live te da la opción de eliminar la retransmisión, de publicarla en HD o de guardarla en tu teléfono inteligente, para después subirla a Facebook, a YouTube o donde quieras.

Una vez tienes el vídeo en tu teléfono, puedes editarlo o hacer lo que quieras con él, tanto publicarlo como eliminarlo.

Además, Facebook Live te ofrece la estadística de cuántas personas se conectaron en directo a la retransmisión, con lo cual sabes a ciencia cierta que, en el momento en la publiques, va a llegar a muchas más personas, así que fácilmente podríamos estar hablando de que esa retransmisión será vista por quinientas o por mil personas.

Yo he tenido retransmisiones con dos mil personas en vivo de manera simultánea, imagina cuántas personas la llegaron a ver una vez publicada la grabación.

Cuando es una grabación, tan solo tienes que publicarla, copiar el enlace y compartirlo.

Ahora, cuando estás en vivo tienes una opción más, que es invitar a amigos y pedirles que compartan públicamente y que inviten a dos amigos o a tres amigos e ir llenando así la sala de manera viral.

Bien, ya sabes todo cuanto puedes hacer antes de la retransmisión y una vez terminada la misma.

Ahora toca que conozcas cómo funciona o que yo denomino, "El Sistema Fb Live".

Vamos allá...

El Sistema FB Live

¿Cómo funciona el Sistema de Facebook Live que te estoy desvelando en este libro?

Con constancia.

Sí, así de simple y a la vez, así de complicado.

Tener constancia es la base del éxito en todo aquello que te propongas, así que debes ser constante y persistente a la hora de crear tus shows de Facebook Live si quieres contar con una auténtica legión de fans que, día tras día, van a estar ahí. Esperando a ver qué tienes para ellos.

Sé que no es sencillo de implementar, sobre todo al principio y por eso he creado tres modelos de Sistema Fb Live, para que te sea mucho más sencillo adaptarlo a tus posibilidades.

En Vivo

Si no vas a tener la disponibilidad o disciplina para hacerlo todos los días, al menos hazlo un día a la semana.

Si lo haces así, te recomiendo que lo hagas los jueves por la noche.

¿Por qué jueves por la noche?

Porque así vas a tener lunes, martes, miércoles y jueves durante todo el día, es decir, prácticamente cuatro días para despertar el interés de las personas para que asistan a tu retransmisión de Facebook Live.

Por cierto, ya que tienes como misión atraer a las personas a tu retransmisión, hazlo a lo grande, ve a por mil interesados, llega a mil personas o más con el Marketing de Gorila.

Cuando comiences a hacer tus publicaciones de Marketing de Gorila tienes que marcarte como objetivo mínimo despertar el interés de mil personas, para que asistan a la retransmisión en directo.

Una vez que hayas terminado la retransmisión en directo, mejórale lo que veas que se puede mejorar editando la grabación y súbela a YouTube, a Facebook o insértala en un blog. No importa cómo lo hagas, ¡promueve la repetición!

Debes hacerlo, como mínimo, durante tres días más.

Es decir, si la retransmisión en vivo fue jueves en la noche, promocionar la repetición durante el viernes, el sábado y el domingo.

Si promueves la repetición en Facebook, puedes aportar prueba social en forma de cuántos comentarios tuvo tu retransmisión y te aseguro que ayuda bastante a animar a más personas a ver la repetición.

¿Pero dónde promoverla?

Bien puedes hacerlo en tu perfil o en tu página de fans o en los grupos que desees, eso va a tu elección.

Pongamos como ejemplo que la vas a promover con Marketing de Gorila en tu página de fans...

Lo primero que debes hacer es crear una imagen que llame la atención, de manera que sea vista, compartida y comentada por cuantas más personas mejor.

La publicas en tu fan page y esperas los resultados que tiene.

Si ves que está siendo bastante vista y compartida, eso significa que llama la atención, por lo tanto, es el momento de hacerle una inversión a esa publicación, para llegar a muchas más personas que comparten los mismos intereses.

Esto es Marketing de Gorila y con esta técnica, lograrás aumentar exponencialmente el número de personas que te siguen y por lo tanto, verás un buen aumento de tus ingresos en cuanto les promuevas algo.

Por supuesto, en toda publicación que hagas, debes poner un enlace que los lleve a ver o hacer lo que tú quieras que vean o hagan.

Pero no vale cualquier enlace.

Usa enlaces amigables para mostrar tu oferta.

¿Qué es esto de "enlaces amigables"?

Te voy a poner un ejemplo:

Imagina que hay un lanzamiento de un producto que se llama "Ventas con PNL".

Un enlace no amigable es ir a bitly.com, poner http://bit.ly/ventas-pnl y compartirlo.

Este sería un enlace no amigable para las personas.

Sin embargo, un enlace amigable es, por ejemplo, http://ventaspnl.com

Este enlace es amigable porque es algo que pueden recordar fácilmente y aunque no den click en el momento, después quizá vayan a Google, lo escriban directamente y ese enlace, que está redireccionado, los dirigirá al mismo link de afiliados que el enlace no amigable de bitly.com.

Tómate la molestia de comprar un dominio y redirecciónalo.

No te preocupes por cómo hacerlo porque una vez que compres el dominio, adentro vienen instrucciones de cómo re direccionarlo hacia donde quieras, sin necesidad de instalar WordPress, sin necesidad de hosting, ni nada complicado.

Simplemente debes comprar el dominio y lo redireccionas hacia donde quieras que vayan las personas.

Entonces, a la hora de hacer Marketing de Gorila, usa enlaces amigables en tus publicaciones (http://ventaspnl.com por ejemplo).

Ya sabes que vas a tener mejores resultados que si pones un enlace no amigable (http://bit.ly/ventas-pnl) que, además de que las personas no van a recordar tan bien como el amigable, van a saber que es un enlace de afiliado.

En toda retransmisión en vivo con Facebook Live, no puede faltar un llamado a la acción con Whatsapp.

¿Qué es esto de llamado a la acción con Whatsapp?

Puedes poner en tus publicaciones de Marketing de Gorila algo así, *"si estás interesado/a en saber cuándo van a ser mis próximas retransmisiones, envíame un mensaje a mi número de Whatsapp +5213111055643".*

Este es un llamado a la acción que aprendí con Frank Cardone.

También puedes poner al inicio de la retransmisión en Facebook Live, *"si estás interesado envíame Whatsapp al número..."*

También puedes acompañar ese llamado a la acción con un enlace amigable, pónselo sencillo a las personas para que te contacten.

Para saber cuántos clicks tuvo tu enlace de llamado a la acción en Whatsapp, debes hacer que tu enlace amigable mande aquí a un link que te permita ver el número de personas que hicieron click en él y comparar esa cifra con cuántos Whatsapp recibiste.

Así vas a poder medir tus esfuerzos de conversión.

Automatizado

¿Cómo vas a automatizar las trasmisiones?

Ayudándote con alguno de los softwares que te he presentado anteriormente.

"Sí Helio pero, ¿en qué consiste esto de la automatización?"

Una vez que has hecho promoción de Marketing de Gorila de tus retransmisiones y analizando los resultados observas que tienes una retransmisión de Facebook Live ganadora, la vas a poner en modo de experto, vas a hacer trasmisiones de Facebook Live con la grabación.

Me explico...

Imagina que hiciste una retransmisión el jueves y dices, *"no me gustó mucho."*

A la siguiente semana haces otra y a la siguiente y la siguiente también...

Como es normal, cada vez que haces una cosa más y más veces, lo vas haciendo mejor, entonces cuando sientas que tienes una retransmisión ganadora y los resultados de tu Marketing de Gorila así te lo muestren, la vas a utilizar de manera recurrente.

Dime si esto no es oro molido, poderte apalancar y poder hacer una retransmisión de Facebook Live con una grabación de tu mejor Live.

Para ello, puedes utilizar alguno de los softwares que te mostré al principio del libro.

Tip: OBS es gratuito.

Trabajaste una vez y lo rentabilizas muchas más.

Híbrido

Cuando empleas el sistema hibrido, lo que haces es iniciar con una retransmisión en vivo creando interacción, diciéndoles que compartan, etc.

Después les dices, *"bueno, ahora les voy a compartir mi pantalla"* y les pones la grabación que, obviamente, será una grabación de captura de pantalla.

¿Por qué una captura de pantalla?

Por una sencilla razón lógica.

No vas a poner en una retransmisión de Facebook en donde salgas vestido con una camisa blanca y después les pones un vídeo donde estás con una camisa negra y sin peinar porque se van a dar cuenta de que no es real.

Sin embargo, si pones una captura de pantalla, nadie se va a dar cuenta.

Una vez termina la grabación, apareces mágicamente de nuevo a responder las objeciones de las personas y a manejar múltiples ángulos de ventas, es decir, múltiples razones por las cuales deban comprar lo que les hayas dicho que compraran en la retransmisión.

¿Qué te parecen los tres tipos de sistemas de Facebook Live que te acabo de mostrar?

¿Qué te pareció esta habilidad de apalancarte de la tecnología y repetir trasmisiones grabadas en Facebook Live?

¿O hacer toda una retransmisión de Facebook Live con una repetición?

¿O bien hacer una retransmisión Live híbrida, en la que te presentas al inicio, saludas, pones la grabación y una captura de pantalla y al final apareces para solucionar objeciones y hacer el cierre?

Hay personas que me dicen, *"Helio, es un sistema genial, pero a mí me da muchísima vergüenza salir en pantalla."*

No sé si es tu caso también, pero te voy a decir lo mismo que les contesto a ellos, la vergüenza nunca llevó a mi familia a DisneyLand.

Toda la vergüenza que me daba grabar un vídeo, nunca pagó los billetes de avión, nunca pagó las entradas a Disney y fue únicamente en el momento en que perdí la vergüenza, cuando pude llevar a mi familia a Disney.

Hazlo por ellos, hazlo por lo que más quieras pero hazlo, pierde el miedo, pierde la vergüenza y comienza a accionar masiva e imperfectamente.

Las críticas no van a poner dinero sobre tu mesa, las críticas no va a pagar tus cuentas de agua, luz, gas o teléfono, pero la acción masiva imperfecta, quitarte la vergüenza, sí que lo va a hacer.

Cosas Que Hacer Durante El Live

Durante la retransmisión en Facebook Live, obviamente que vas a dar tu presentación, pero también debes ofrecer a tu audiencia una oferta muy importante.

Asegúrate siempre de vender.

El marquetero no vive de dar valor masivo si al final no hace una venta, por ello procura ir haciendo micro cierres a lo largo de tu retransmisión.

De entrada diles que al final les vas a ofrecer más ayuda e invítales a quedarse hasta el final de la presentación.

Con esto le estarás diciendo a su cerebro reptiliano algo así como, *"al final te voy a ofrecer la venta de algo que te puede ayudar aún más."*

Háblales de la oferta y ves creando anticipación.

Personalmente hago retransmisiones de Facebook Live en las que les hablo varias veces durante la retransmisión, de que al final les voy a ofrecer algo, que van a poder ser parte de un taller que estoy promocionando, por ejemplo, y todo esto se lo digo de manera muy sutil, haciendo que forme parte del contenido.

Si vas creando anticipación y les vas diciendo que al final va a haber algo, lograrás la venta.

No comiences disfrazando tu retransmisión de Facebook Live de que es puro contenido y al final vas y les sacas la carta de que les vas a ofrecer algo porque se sentirán engañados y seguramente ya no asistirán a ninguna retransmisión tuya más.

Diles desde el inicio, *"les voy a enseñar X cosa (lo que sea que les vas a enseñar) y al final les voy a dar más oportunidad de saber más de esto con un entrenamiento que tengo, etc."*

Diles como sea, con el tono que quieras que al final va haber más, pero díselo sí o sí.

Preséntales tu oferta como el siguiente paso lógico.

Puedes decirles algo así:

"Pues ahora ya saben hacer trasmisiones de Facebook Live, pero como lo que quiero es que en esas trasmisiones tengan muchas personas y que puedan notificar a una lista de correo electrónico, el siguiente paso lógico es tener este plugin llamado Live Leap.

Este plugin te va a permitir avisarles por correo electrónico cada vez que vayas a hacer alguna de tus trasmisiones de Facebook Live.

Así que obtener este plugin aquí http://jvz5.com/c/10354/222662 es lo siguiente que deben hacer."

Les vas presentar tu oferta como el siguiente paso lógico, así que tómate tu tiempo para darles la oferta.

Esto es muy importante, ya que muchas personas únicamente dan el contenido a lo largo de toda la retransmisión y cuando quieren dar la oferta, lo quieren hacer en un minuto al final y lo hacen así como a ver si cuela diciendo cosas como, *"cómprenme aquí esto"* o *"les ofrezco que compren esto"*.

Tómate tu tiempo y si has dado una hora de contenido, ahora tocan veinte minutos de dar la oferta.

O si ya ofreciste treinta minutos de contenido, ahora dedica quince minutos para dar la oferta.

A la hora de hacerlo, de dar la oferta, es muy importante que manejes objeciones de las personas y que anuncies, y esto es poderosísimo, compradores han adquirido tu oferta ahí mismo, en vivo.

En Febrero de 2016 fui a un evento presencial con Frank Kern donde tomé mis notas sobre cómo manejar objeciones de manera magistral tal y como lo hace Frank Kern.

Y una de las cosas que más me impresiono, entre las muchas perlas valiosísimas que nos dio, fue que cuantas más objeciones tengas mejor.

Debes disfrutar de pedir que te digan sus objeciones a las personas.

Debes decirles cosas como, *"díganme, ¿por qué no comprarían esto?"* o *"por favor, compárteme por qué no vas a comprar este programa."*

Cuantas más objeciones te den mejor va a ser para ti.

No en el siguiente Facebook Live, sino en ese momento porque va a ser para ti algo muy valioso, una vez que te den esta información, el poder darle la vuelta a las objeciones y potenciar la solución a dichas objeciones con tu oferta.

Créeme, una vez lo hagas y empieces a sacarle partido en forma de ventas logradas, vas a querer encontrar objeciones reales bajo las piedras, porque las objeciones van a hacer que vendas más y más...

Y para terminar este capítulo sobre cosas que no deben faltar en tus retransmisiones de Facebook Live, te repito esto que es poderosísimo y quiero que se grabe a fuego en tu cabeza.

Anuncia compradores en vivo.

Al mismo tiempo que estás manejando objeciones y sigues presentando tu oferta, debes ir anunciando las ventas que se hagan en ese momento.

Di cosas como, *"felicidades a Francisco que acaba de comprar la aplicación, felicidades a Juan que ya está en el taller, etc."*

Es importantísimo que les vayas diciendo quién compró y lo festejes en directo, ya que eso crea prueba social y hace que más personas hagan la compra.

Los felicitas, creas pruebas social, disparas múltiples ángulos de venta de por qué razones deberían comprar lo que les estás vendiendo y disparas la escasez.

Puede ser escasez de tiempo o escasez de unidades, *"solo voy a dar cinco cupos para este coaching conmigo, solamente pueden contratar este coaching o esta capacitación hasta hoy a la media noche, etc."*

Maneja la escasez y añadido a todo lo anterior, vas a ver aumentar la conversión de ventas, exponencialmente.

Cosas Que Hacer Después Del Live

Después de la retransmisión de Facebook Live, debes enviarles mensajes de Whatsapp, en caso de que hayas recabado números de Whatsapp, con múltiples ángulos de ventas.

Es decir, todo lo que manejaste durante el Live como ángulos de ventas y algunos más que se te ocurran, se los vas a enviar por Whatsapp promoviendo la repetición.

Serán algo así:

"Hola Juan.

Gracias por haber estado en la retransmisión de Facebook Live.

Si por alguna razón te la perdiste, aquí está la repetición."

Y les pones el link hacia la retransmisión de Facebook Live o le mandas el enlace de YouTube.

Después de esto, para cerrar el mensaje, les envías un ángulo de ventas:

"Te recomiendo que adquieras mi capacitación porque vas a obtener un libro."

"Te recomiendo que la adquieras porque vas a poder crear un producto de información, etc."

Además de los mensajes de Whatsapp, envíales al menos dos vídeos con contenido extra, contenido que no pudo ser tratado en la retransmisión.

Como puedes ver es un excelente pretexto para vender más porque les estas dando más contenido de valor y por lo tanto, les estás ayudando más.

Preséntaselo más o menos así:

"Hola Pedro.

Algo que no me dio tiempo de decirte en la retransmisión que hice ayer, es que también puedes utilizar lo que te enseñé para hacer esto y esto (lo que sea que quieras que haga).

Por eso he grabado un vídeo donde te enseño cómo hacer eso que no te pude enseñar en la retransmisión.

Aquí te va..."

Entonces les das al menos dos vídeos con contenido extra, en los que te grabas con tu celular, das los tips masivos y pones el enlace para que compren tu entrenamiento, le haces un llamado a la acción en tu vídeo, etc.

Digamos que el script para estos vídeos que les vas a enviar después de la retransmisión de Facebook Live es muy sencillo:

Paso Uno: Da contenido extra.

Paso Dos: Vende al final del contenido extra.

Envía los Whatsapps a todos los que te pidieron registrarse, no solo a los que se presentaron o no y marca un tiempo límite para tomar acción.

Cuando les envíes el primer vídeo de contenido extra, les puedes decir:

"Recuerda que dije en la retransmisión que esta oferta era hasta el domingo y ya quedan tan solo dos días."

Al día siguiente, cuando les envíes el otro vídeo de contenido extra, les dirás:

"Te recuerdo que mañana se cierran los cupos."

O puedes ser aún más agresivo/a con la escasez:

"Te recuerdo que habían tres cupos y ya se tomaron dos, así que te mando este vídeo que te va a aclarar más las cosas que no te pude explicar y recuerda que queda un cupo

únicamente para que formes parte de esto que te estoy ofreciendo para que logres esos resultados que tanto deseas."

Conclusión

Bueno, pues hemos llegado al final del libro.

Te aseguro que te he dado todas, absolutamente todas, las técnicas, tips y estrategias que sigo al pie de la letra todos los días, a la hora de hacer mis propias retransmisiones con Facebook Live.

¿Y por qué lo he hecho?

Por una sencilla razón, porque quiero que tú, una vez termines de leer estas líneas, te pongas manos a la obra y logres implementar todo cuanto has descubierto y que marqueteros de la talla de Frank Kern o Grant Cardone, ya incluyeron hace algún tiempo en sus estrategias de ventas.

Sabes que no tienes excusa ninguna porque te he ofrecido hasta tres modelos distintos de retransmisiones para elegir en función de tus necesidades o implicación, así que ahora ya solo te queda a ti decidir qué hacer con tu negocio y con tu futuro.

Yo ya he cumplido mi 50% del trato, ahora el turno es tuyo.

Espero saber pronto de tus éxitos y nada me haría más feliz que me dijeras que este libro contribuyó, aunque fuese un minúscula parte, a que se logren tus objetivos.

Tu amigo,

Helio Laguna

www.ingramcontent.com/pod-product-compliance
Lightning Source LLC
Chambersburg PA
CBHW021449170526
45164CB00001B/445